SOMALI CHILDREN'S BOOK

RAISE YOUR KIDS TO LOVE VEGETABLES!

ILLUSTRATED BY:
FEDERICO BONIFACINI

ROAN WHITE

WORRIED ABOUT THE BARRAGE OF ADVERTISING THAT CONVINCES YOUR PRECIOUS CHILDREN TO PERCEIVE FATTY, UNHEALTHY FOODS AS GOOD? FEAR NOT!

RAISE YOUR CHILDREN WITH LOVE FOR DELICIOUS, WHOLESOME, HEALTHY FRUITS AND VEGETABLES FROM THEIR EARLIEST YEARS WITH THIS BOOK. CARROT, BRUSSELS SPROUTS, KALE, CELERY, ALMONDS, ASPARAGUS, RASPBERRY, BROCCOLI, AND SO MANY MORE (24 VEGETABLES TOTAL).

EACH PICTURE INCLUDES A FRIENDLY, HAPPY ILLUSTRATION OF THAT PARTICULAR VEGETABLE ALONG WITH A SIMPLE EXPLANATION OF WHY THIS VEGETABLE OR FRUIT IS GOOD FOR THEM. RAISE YOUR KIDS WITH HEALTHY EATING HABITS THAT WILL LEAVE TO THE HEALTHIEST POSSIBLE LIFE FOR THEM!

THIS IS THE BOOK THE WORLD AND YOUR BEAUTIFUL GROWING CHILD DESPERATELY NEED.

ALL OF IT IN SOMALI.

KAAROOT

KAABASH

HADAAD RABTO HADHAN AAD U
MACAAN IYO CAAFIMAAD, CUN IN
BADAN OO KAYL AH, WAXAAD YEELAN
DOONTAA CAAFIMAAD BADAN!

KAYL

SAALARI

HADII AAD
RABTO INAAD
KU NOOLAATO
NOLOL XOR KA AH
XANUUN, INBADAN
OO ANIGA AH CUN!

KHUDRAD ISBIINIJ

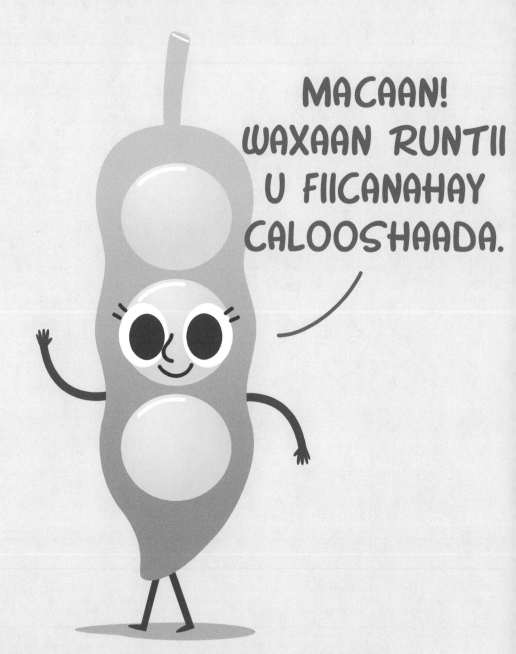

BIINISKA CAGAARKA AH

KHUDAARTA ASBARAGAS

KALIYA MA LIHI
CAAFIMAAD LAKIIN SIDOO
KALE AAD AYAAN U
MACAANAHAY! MACAAN!

TUFAAX

WAXAAN AHAY SIDA SAXIIBKAY
TUFAAX LAKIIN XATAA WAAN KASII
FIICANAHAY! WAXAAN DHADHAMAA
DHADHAN AAD U MACAAN.

CAMARUUD

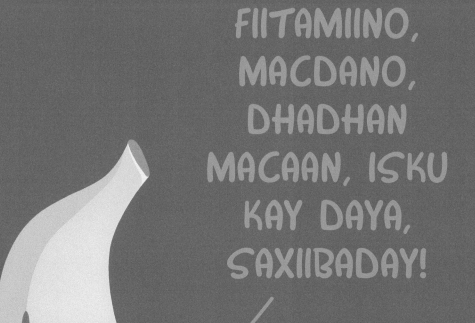

MUUS

LAGA BUUXIYEY MACAAN IYO QASHIN
SAAREYAAL MACAAN, WAXAAN
AHAY MAR WALBA SAAXIIBKAA.

TAMAANDHO

WAAAN MACAANAHAY WAXAANAN DARYEELAYAA WADNAHAAGA. MAXAAD SUGEYSAA? ISKU KAY DAY.

STROWBARI

FIITAMIIN C AAD IYO AAD U BADAN !
WAXAANAN DHADHAMAA CAJIIB, ISKU
KAY DAY, WAAD ARKI DOONTAAYE!

LIIN-MACAAN

QOF WALBA WUXUU YIDHAAHDAA WAAN CAAFIMAAD QABAA WANAAGSANAHAYNA. ISKU KAY DAY, WALIGAA KHALAD LAGAA FAHMI MAAYO!

MIDHAHA RAASBARI

BIINISKA CAGAARAN

HADAAD RABTO DHADHAN KULAYLEED AAD U MACAAN, IYO DIFAAC JIDHEED XOOGAN! ISKU KAY DAY, ISKU KAY DAY, KA QOOMAMEYN MAYSID.

CANANIS

MAQAAR CAAFIMAAD QABA IYO INDHO CAAFIMAAD QABA! WAXAAN AHAY AJAANIB WAXAANAN KAA DHIGI DOONAA MID XIKMAD BADAN.

AFAKAADHO

AYROONTA WAA LOO BAAHAN YAHAY, WAXAA LOOGU BAAHAN YAHAY SI LOOGU XOOGEYSTO. I CUN, WAXAAD SIDOO KALE KU RAAXEYSAN DOONTAA DHADHAN CAJIIB AH.

KAABASH

HADII AAD RABTO INAAD U IFTIINTO SIDA UBAXA UGU CAJIIBSAN, ISKU KAY DAY, WAXAAN AHAY SAAXIIBKAA KAABASH UBAXLE!

KAABASH UBAXLE

MIDHAHA BULUUBEERI

DHADHAN WANAAGSAN! DHADHAN WANAAGSAN! I CUN WAXAAD HELI DOONTAA CAAFIMAAD BADAN IYO DHADHAN!

KAABASH CAS

HADII AAD DOONEYSO IN NOLOSHAADU SII JIRTO, I CUN ANIGA, WAAN MACAANAHAY, SIDAA DARTED DEG DEG AH II CUN!

BARBAROONI